AF227004

NOTES BIOGRAPHIQUES

SUR

SA GRANDEUR

MONSEIGNEUR RICHARD

François-Marie-Benjamin

92ᵉ ÉVÊQUE DE BELLEY — 3ᵉ COADJUTEUR DE PARIS

PROMU ARCHEVÊQUE DE LARISSE

ET

COADJUTEUR DE SON ÉMINENCE LE CARDINAL GUIBERT

ARCHEVÊQUE DE PARIS.

HUMBLE HOMMAGE

A S. G. Mᴳᴿ Jean-Joseph MARCHAL

BOURG

IMPRIMERIE P. COMTE-MILLIET, PLACE D'ARMES

1875

A S. G. Monseigneur Jean-Joseph MARCHAL,

PAR LA GRACE DE DIEU ET DU SAINT-SIÉGE APOSTOLIQUE ÉVÊQUE DE BELLEY.

MONSEIGNEUR,

En ce jour mémorable de votre consécration épiscopale par un Pontife qui vous est cher à tant de titres, souffrez qu'un des plus humbles fils que Dieu vous donne en vous confiant cette Eglise de Belley, dont on a pu dire qu'elle était « la terre et l'héritage des Saints, » vienne s'agenouiller aux pieds de Votre Grandeur et lui faire le premier hommage d'un Recueil, malheureusement trop imparfait, sur la vie et les œuvres de l'éminent Prélat auquel vous succédez.

Vous n'ignorez rien, Monseigneur, de la douleur qu'a ressentie le diocèse de Belley *tout entier*, à la première nouvelle que Monseigneur Richard lui était enlevé ! Et vous savez déjà que si nous commençons à nous consoler de ce départ qui était écrit au Ciel puisque Rome le voulait, c'est que le Pape lui-même et Monseigneur Richard nous ont dit que nous allions retrouver en vous un Père.

Aussi, j'ose espérer, Monseigneur, qu'en applaudissant à la pensée toute filiale qui m'a guidé, Votre Grandeur daignera l'encourager par une première bénédiction qu'il est de mon devoir de solliciter de votre bienveillance avant de livrer à l'impression quelques notes biographiques recueillies pour l'édification de trois diocèses où, à l'heure présente, le nom de Monseigneur Richard est particulièrement vénéré. C'est en lisant la vie de la Bienheureuse Françoise d'Amboise que nous avons appris à aimer avant de le connaître son fidèle disciple Monseigneur Richard, comme aussi, Monseigneur, la vie du R. P. Moye nous laisse entrevoir depuis quelques jours dans le sympathique écrivain auquel nous la devons, un cœur qui saura gagner les nôtres et les garder toujours à Jésus-Christ, Notre Seigneur.

Puissent, de leur côté, les NOTES BIOGRAPHIQUES SUR MONSEIGNEUR RICHARD contribuer quelque peu à maintenir le diocèse de Belley dans son filial attachement à ses Evêques. Elles ne sauraient vraiment en désespérer si le Bon Dieu leur fait la grâce de paraître sous vos auspices.

Daignez, Monseigneur, agréer l'hommage du religieux respect et de l'entier dévouement de votre très-humble et très-obéissant diocésain.

Ce mercredi 8 septembre 1875.

(En la Fête de la Nativité de la Sainte-Vierge.)

***

A cette lettre remise seulement à Monseigneur Marchal le jour de son entrée dans le diocèse, le samedi 18 septembre, Sa Grandeur s'est empressée de répondre :

ÉVÊCHÉ
DE
BELLEY.

—

Bourg, le 23 septembre 1875.

« ……. J'aurais voulu vous remercier immédiatement, mais je ne me suis pas appartenu un seul instant depuis, et à mon grand regret j'ai dû différer ma réponse jusqu'aujourd'hui.

« Un diocèse qui sait estimer et aimer Mgr Richard comme l'estime et l'aime le diocèse de Belley, ne peut être qu'un excellent diocèse. Aussi, rien ne m'inspira-t-il plus de confiance que le respectueux attachement dont mon vénéré prédécesseur est l'objet, et je verrai avec bonheur tout ce qui sera fait pour rendre ce sentiment plus fort et plus profond s'il est possible, et pour le perpétuer. Je ne doute pas que les Notes dont vous me parlez ne produisent cet effet et ne vous obtiennent la reconnaissance des diocésains et des amis du bien aimé Prélat.

« Veuillez agréer, je vous prie, l'expression de mon religieux et entier dévouement en N. S.

« † JOSEPH, *Evêque de Belley.* »

En apprenant notre projet, l'archevêque d'Auch, Mgr de Langalerie qui, lui aussi, a laissé parmi nous de si profonds souvenirs, daignait lui envoyer ses bénédictions en nous écrivant, il y a quelques jours, cette parole pleine d'humilité que nous avions déjà lue dans son mandement d'adieux, mais que nous n'acceptons pas entièrement.

« ……. Ce cher diocèse de Belley subit des épreuves ; mais j'ai « la confiance qu'elles tourneront au bien des cœurs. Mon rem- « plaçant valait bien mieux que moi…… »

NOTES BIOGRAPHIQUES

SUR

S. G. MONSEIGNEUR RICHARD

> « FILS DE L'ANTIQUE EGLISE DE NANTES, L'AFFECTION QUE
> JE GARDERAI POUR MA MÈRE N'AFFAIBLIRA NI NE DIMI-
> NUERA CELLE QUE JE VOUS AI VOUÉE ! »
>
> *(Mandement de M*^{gr} *Richard pour sa prise de
> possession de l'Evêché de Belley, 11 février 1872.)*

> « A VOUS TOUS, NOS TRÈS-CHERS FRÈRES, VOTRE EVÊQUE
> GARDERA UN SOUVENIR PLEIN D'AFFECTION PATERNELLE
> DANS LE SEIGNEUR ! »
>
> *(Mandement d'adieux, 1*^{er} *août 1875.)*

Telle est l'étendue des regrets qu'éveille sur tous les points du Diocèse de Belley le départ de SA GRANDEUR MONSEIGNEUR FRANÇOIS-MARIE-BENJAMIN RICHARD, notre Illustrissime et Révérendissime Père en Dieu, qu'il n'appartient qu'à Dieu de les adoucir. Aussi, l'on ne saurait trop s'entretenir de l'objet même de tels regrets. En même temps que ce sera une consolation pour ceux qui les ressentent avec tant d'amertume de relire quelques-unes des bonnes paroles qu'a semées ce « Bon Pasteur » en passant parmi nous, il sera donné à tous et d'apprendre certains faits ignorés de la vie de notre Evêque bien-aimé — alors que la Providence nous le préparait en Bretagne — et de revoir les principales dates de son trop court mais si laborieux et déjà si fécond Episcopat, depuis moins de quatre ans qu'il occupait le siége de saint Anthelme.

Rien — disons-le tout de suite — ne caractérise mieux ces deux périodes de la vie de MONSEIGNEUR RICHARD que sa propre devise inspirée de la maxime de prédilection de la Bienheureuse Françoise d'Amboise : « *Faictes sur toutes choses que Dieu soyt le mieulx aymé !* » Ces belles paroles sont dignes d'être écrites *en lettres d'or*, a dit un vieux biographe de la Sainte, le Frère Albert de Morlaix.

Tout d'abord, quelques lignes généalogiques ne semblent pas inopportunes. Aussi bien viennent-elles à l'appui de cette autre maxime — celle du Vénérable Pierre de Blois : — « *Je ne reconnais de noblesse véritable que celle qui unit la vertu à l'illustration de la naissance.* »

La famille de MONSEIGNEUR RICHARD tire son origine des *Marches*, commune de Poitou et de Bretagne, où elle contracta, trois siècles durant, plusieurs alliances avec quelques-unes des maisons les plus distinguées et les plus notables d'alentour.

Elle remonterait à JEHAN RICHARD (1) qui, l'an 1548, déclare tenir « *noblement* à foi et hommage divers petits fiefs, » et ajoute qu'il est « un pauvre roturier *poiant* taille. » Les descendants de cet humble ancêtre auraient possédé les fiefs du *Mesnil-St-Georges*, de *Labcaudière*, de *Liguault*, d'*Aulières*, de *Ricoux*, de *La Tour aux Paumeurs*, de *Doignon*, de *Foymesreau*, de *Clossac*, de *La Vergne*, la plupart situés sur le territoire ou dans les environs de *Montaigne-Vendée*, frontières de la Vendée, du Maine-et-Loire et de la Loire-Inférieure.

Depuis 1604, où lui advint la terre de *La Vergne*, proche le Bourg de Boussay (2), la branche d'où est sorti MONSEIGNEUR RICHARD, ajoutait à son nom patronymique, le nom même de cette terre, et elle l'a constamment porté. La terre de *La Vergne*, transmise depuis lors d'aîné en aîné, est passée, à l'entrée dans les ordres de MONSEIGNEUR RICHARD, et, par ses soins, entre les mains de sa sœur aînée (3), dont le petit-fils, M. *George Pellerin de La Vergne*, la tient aujourd'hui.

Au nombre des personnages qu'a produits cette vieille maison de Bretagne, rentrée en possession de ses titres de noblesse sous Louis XV, on signale entre autres : Messire *Pierre Richard de la Vergne*, né au Château de La Vergne, le 23 janvier 1729, docteur en droit, avocat au Parlement, recteur de la paroisse de la Trinité-

---

(1) Dans le contrat de vente de l'hôtel et jardin de Rochefort, passé par le Duc Pierre II de Bretagne, époux de la *Bse Duchesse Françoise d'Amboise*, pour la fondation d'un couvent de Sœurs claristes dans la ville de Nantes, on trouve, au-dessous de la signature du Duc, celle d'un sieur *Richart*, qui exerçait l'office de notaire-secrétaire-passeur (23 mars 1556) avant Pâques. Ce même nom se retrouve au-dessous de la signature de la *Bienheureuse Françoise* elle-même, dans sa transaction avec le Duc François II, le 26 septembre 1459, et dans plusieurs Lettres patentes de ce prince.

(2) Paroisse et commune du canton de Clisson, arrondissement de Nantes (Loire-Inférieure), de huit à neuf cents habitants.

(3) Madame *Marie-Rose-Magdeleine Richard de La Vergne*, née à *St-Jouin-sous-Châtillon* (Deux-Sèvres), le 5 juillet 1792, la même année que Pie IX, et mariée en 1811, à M. le docteur *René-Marie-Benjamin Pellerin*, fils d'un avocat au Parlement de Bretagne, élu député aux Etats généraux de 1789. Elle comptait 27 ans de plus que MONSEIGNEUR RICHARD, qui a eu la douleur de la perdre à Nantes, le 20 décembre 1868.

de-Clisson, représentant du Clergé aux Etats-Généraux de 1789, et qui passa à l'Assemblée nationale *sur les ordres exprès du roi Louis XVI*. Le 5 octobre, il quitta cette assemblée pour n'y plus reparaître, et émigra en Espagne. Il est mort à Nantes, le 9 octobre 1817. « Ce digne prêtre, nous disait récemment un pieux ecclésiastique, possédait le respect, l'estime, la confiance et l'affection de tout le pays. On l'appelait : *le petit Evêque.*

Parmi les membres les plus illustres de cette famille, nous citerons encore *Charles-Marie Richard de la Vergne*, né à Montaigu (Vendée) le 30 avril 1766, mort à Nantes le 18 mars 1829.

Il fut envoyé à la Chambre des députés en 1815 par la ville de Nantes, qui l'avait en très-grande considération. Celui-ci avait un frère aîné, M. *Louis-François Richard de la Vergne*, né aussi à *Montaigu* (Vendée), le 17 juillet 1763 et marié à Madame *Marie-Geneviève-Rosalie Poupard* (1), fille d'un avocat au Parlement de Bourgogne, M. *Charles-Jean-Baptiste Poupard*, maître à la Chambre des Comptes de Bretagne en 1779, et de Madame *Marie-Rose Gentet du Plessis.*

De ce mariage naquirent six enfants. Quatre furent successivement enlevés à la terre, par une de ces maladies de poitrine contre lesquelles la science humaine épuisa toujours ses ressources.

Il se raconte en Bretagne qu'un de ces enfants, âme priviligiée, comme il plaît à Dieu d'en envoyer de temps à autre aux familles foncièrement catholiques, se mourait il y a près de soixante ans. Agenouillés à son chevet, le père et la mère étaient en proie à une désolation facile à comprendre ! La tête dans leurs mains, ils essayaient bien de demander à Dieu de les assister dans la crise suprême qu'ils voyaient s'approcher insensiblement ; mais ils se sentaient d'autant plus faibles en face de l'épreuve, que cet enfant qui leur échappait, était, sinon déjà leur fils unique, du moins celui des leurs qui pouvait être l'appui de leur vieillesse dans le monde, car — remarquons-le — tous deux avaient déjà vécu leur demi-siècle ici-bas. Et ils se lamentaient doucement, les pauvres parents !...

Tout à coup, une des mains déjà froides du jeune homme se pose sur leurs mains réunies dans une douloureuse étreinte ; son beau regard prêt à s'éteindre, se relève sur eux dans un dernier éclair, et

---

(1) Nous avons quelque lieu de penser qu'à cette famille se rattachait M. *Jean-Baptiste Poupard de Beaubourg*, inspecteur de marine, qui fut condamné à mort en 1794, comme étant l'agent de Bailly, La Fayette, *Capet*, Laporte, Roland, Pitt, Brissot, etc. Il fut exécuté le 2 mars.

on l'entend s'écrier : Courage !... l'an prochain j'aurai un frère qui me remplacera auprès de vous,... qui sera votre joie et votre consolation,... réjouissez-vous !...

En effet, moins d'un an après cette scène touchante, dont allait s'enrichir l'écrin des légendes Bretonnes, un petit enfant était présenté sur les fonts baptismaux de la cathédrale de Nantes (paroisse St-Pierre), il y reçut les noms de FRANÇOIS-MARIE-BENJAMIN RICHARD DE LA VERGNE.

C'était le *1er mars 1819*, en la fête de saint Aubin, évêque d'Angers, et, lui aussi, un des plus illustres fils de la terre de Bretagne.

La Province dont on a dit qu'elle avait été le plus beau fleuron de la couronne de France, comptera ce jour au nombre des plus heureux de son histoire religieuse.

Quelques mois plus tard, M. et Mme RICHARD DE LA VERGNE perdaient leur plus jeune fille, *Marie-Rosalie*, ravie dans la fleur de ses 15 ans. L'année suivante, un fils, Sulpicien, qui n'avait pas encore 25 ans, leur était ravi. Il se dit encore en maint endroit que ce pieux lévite, mort en odeur de sainteté, confirma sur son lit de mort la prophétie fraternelle que le jeune François commençait à réaliser dans le sanctuaire domestique.

Et il n'est pas étonnant que pour consoler une famille éperdue, Dieu ait manifesté à l'âme si pure de ce lévite, les desseins de sa Providence paternelle. Ceux-là en seront moins surpris qui liront sur ce jeune homme les détails touchants que nous empruntons à la *Vie de Monsieur Mollevaut*, supérieur de la Solitude d'Issy, au moment où la mort vint y chercher l'abbé Louis Richard.

« Parmi les fervents solitaires qui faisaient la joie de leur supérieur et l'espoir de la Compagnie de Saint-Sulpice, Notre-Seigneur se choisit une victime, et le choix du divin Maître tomba sur M. Louis Richard, que ses éminentes qualités semblaient distinguer entre tous les autres et dont la mort devait blesser plus sensiblement le cœur de M. Mollevaut. Ce jeune ecclésiastique, né dans le diocèse de Nantes, avait montré dès la plus tendre enfance une horreur extraordinaire pour les moindres fautes : en se donnant à lui pour la première fois, Notre-Seigneur trouva son âme parée de l'innocence baptismale et l'enrichit des plus précieux dons. Entré au séminaire de Nantes, il y goûta un bonheur si pur que le temps des vacances lui était insupportable. Son plus vif désir était de se consacrer irrévocablement à Dieu par le sous-diaconat, et dans son impatience il fit le vœu de chasteté perpétuelle dès qu'on le lui permit. Désireux de s'attacher à la Compagnie de Saint-Sulpice, il quitta sa famille et son pays, passa à Chartres pour s'y offrir à la Très-Sainte Vierge, et arriva à Issy peu de mois avant que M. Mollevaut prît la direction de la Solitude. Sous cet habile et vertueux maître pour lequel il avait une confiance sans bornes, M. Richard fit de nouveaux progrès dans la sainteté. « A la fin de sa solitude, il semblait, dit M. Féret, « ne pas tenir à la terre. » C'était en effet un fruit mûr pour le ciel et que Notre-Seigneur allait bientôt cueillir.

« Il souffrait depuis quelque temps d'une inflammation d'entrailles et avait consulté le médecin qui, entre autres remèdes, prescrivit une potion que le pieux malade ne pouvait prendre sans se priver de quelqu'un des exercices de la retraite. Dans sa perplexité, M. Richard consulta son supérieur, tout en témoignant une grande répugnance à se priver de ces exercices. M. Mollevaut, avait le défaut de ne pas croire à l'efficacité de la médecine ; il autorisa le fervent solitaire à ne pas prendre la potion et à la jeter par la fenêtre. Malheureusement l'état du malade empira ; le docteur Récamier appelé prescrivit un traitement énergique mais sans succès et M. Louis Richard mourut le 3 octobre (1820). Pendant les deux mois que dura sa maladie M. Mollevaut fut admirable de dévouement envers son cher disciple et de confiance en Dieu. Il espéra jusqu'au dernier jour que la Sainte-Vierge conserverait à la Compagnie un sujet si précieux. Enfin le 29 septembre il lui administra les derniers Sacrements. Son âme énergique, mais extrêmement tendre, fut bouleversée en ce moment. « Je ne puis vous peindre, dit un témoin oculaire, ce qui se passa dans cette cérémonie. M. Mollevaut l'administrait, mais il ne pouvait achever une oraison sans sangloter. Tous les assistants étaient impressionnés, saisis. Ceux qui avaient le rituel devant les yeux ne pouvaient le lire tant ils étaient émus (1). »

Rudement atteints dans la chute précipitée des plus doux attraits de leur foyer, M. et Mme RICHARD DE LA VERGNE s'appliquèrent d'autant mieux à cultiver les précieuses inclinations qu'ils voyaient poindre dans le cœur de leur dernier né, au milieu des aspérités natives du caractère le plus carrément breton. Ils étaient dignement secondés dans cette tâche de tous les jours par l'aînée même de leurs enfants, mariée depuis 1816, mais que ramenait souvent sous le toit paternel le culte de la famille, et qui, à vrai dire, fut moins la sœur que la seconde mère de MONSEIGNEUR RICHARD.

____

(1) Vie de M. *Mollevaut,* par un prêtre de St-Sulpice, p. 123-125.

« Quand on a le bonheur de rencontrer sur son chemin une
« famille chrétienne, de passer quelques jours sous son toit, que ce
« soit au château hospitalier ou à la demeure d'un ouvrier probe et
« laborieux, on éprouve un véritable charme. La foi qui règne dans
« cette maison anime toutes les habitudes de la vie. On y travaille,
« on y prie ensemble. L'année s'écoule, ramenant avec elle le cercle
« des fêtes de l'Eglise, leurs enseignements féconds, leurs joies
« pures, leurs généreuses inspirations. C'est le bonheur du chrétien
« se renouvelant sans cesse au milieu des vicissitudes de notre
« existence terrestre. C'est la consolation quand la douleur visite
« le seuil de la demeure. C'est l'encouragement à l'accomplissement
« du devoir ou aux sacrifices de la vertu. La famille chrétienne
« n'est pas isolée en ce monde : elle fait partie de la paroisse, du
« diocèse, de la grande société catholique fondée par N. S. J. C. On
« y prononce avec amour ce vieux nom de la langue chrétienne;
« *notre mère la sainte Eglise*. L'Eglise est pour elle, en effet, une
« mère ; elle compatit à ses épreuves, elle applaudit à ses triomphes,
« elle aime son dévouement, celui que tous les enfants de l'Eglise
« appellent leur Père, le Souverain-Pontife, le vicaire de J.-C.

« Dans la famille chrétienne, on possède la vérité, on ne se laisse
« pas entraîner au hasard par les opinions qui séduisent la foule;
« l'Evangile est là, enseignant avec fermeté à tous, parents et enfants,
« maîtres et serviteurs, la doctrine à laquelle il faut s'attacher, la
« règle de morale qui doit diriger les actes. Aussi, et là seulement,
« vous trouverez cette netteté de principes qui sépare la vérité du
« mensonge, et cette force de conviction qui repousse énergiquement
« l'erreur. » (1).

Tel fut le milieu où allait grandir le futur évêque de Belley. Toutefois, en grandissant, le jeune FRANÇOIS montrait un caractère de
plus en plus violent. Afin de l'assouplir, M. RICHARD DE LA VERGNE
le soumit à des exercices continuels, appelant les enfants des fermiers
et des gens de service au château, quand il se trouvait à la campagne,
à partager les jeux et les leçons de son fils. On assure qu'à l'occasion
les injures et les coups n'étaient pas épargnés. Mais rien n'échappait
à la vigilance des parents, et la mère était là toujours, rendant jus-
tice et corrigeant selon le degré de l'offense comme elle savait
récompenser le mérite de chacun.

Le château de La Vergne jouit des agréments des rives de la

---

(1) Lettre de S. G. Mgr Richard à MM. les membres du comité de la
Semaine Religieuse de Belley, 9 décembre 1872, lors de sa fondation.

Sèvre où il se trouve assis à proximité de l'église et du bourg de Boussay. La famille *Richard de La Vergne* y passait toute la belle saison et même la majeure partie de l'année sous la Restauration. Un bienveillant témoin nous introduisait récemment dans l'intérieur de ce foyer patriarcal : on nous saura gré de le laisser parler.

« La famille avait l'usage de faire tous les soirs la prière et la lecture spirituelle en commun, chacun devait s'en acquitter à sa semaine. Or il arriva que le jeune FRANÇOIS, âgé de 5 à 6 ans, fit une faute qui excita l'hilarité de l'assistance. Le petit lecteur, d'un ton sérieux et fâché, s'arrête et dit : « On ne rit pas en priant le bon Dieu ! » puis il déclare à sa mère que désormais il ne fera plus la prière. La mère fut obligée d'intervenir et d'ordonner à François de continuer à faire la prière, et d'inviter les assistants à être plus attentifs. »

Certain matin, cette bonne mère se trouvait seule avec son fils qu'elle faisait déjeûner. La conversation roulait, suivant son cours habituel, sur le bonheur de la vie chrétienne, et c'était déjà un charme que d'entendre MONSIEUR FRANÇOIS discourir sur ce thème. Tandis qu'il se hâtait d'achever son premier repas, Madame Richard de La Vergne le regardait avec amour et l'offrait intérieurement à Dieu. Et l'enfant de s'écrier aussitôt comme s'il eût pénétré dans les pensées de sa mère : « *Je veux bien être prêtre, je ne serai jamais évêque !* » Évidemment ce n'était point là une prophétie, mais le vénérable ecclésiastique auquel l'heureuse mère de cet enfant de bénédiction conta sur le moment la saillie que nous rapportons, devait y voir un indice du désintéressement sacerdotal le plus absolu.

« Aux repas, ajoute la relation que nous venons d'interrompre, MONSIEUR FRANÇOIS devait manger ce qui lui était présenté ou se contenter de pain sec. Les plats étaient réservés jusqu'à ce qu'il en eût pris comme tout le monde.

« M. Richard de La Vergne assistait tous les jours à la messe, accompagné de son fils. A la sortie de l'église, racontent encore les bonnes gens du pays, *il faisait sa tournée dans le bourg*, visitant ses malades et les pauvres, et toujours avec le jeune FRANÇOIS. Ainsi MONSEIGNEUR RICHARD a pratiqué dès l'enfance la charité envers ceux qui souffrent. »

Mais nous avons oublié de dire que, suivant une tradition séculaire de sa Maison qui, sur deux enfants, en vouait un à l'Eglise et consacrait l'autre à la science médicale, M. RICHARD DE LA VERGNE s'était fait recevoir avec distinction docteur médecin à la faculté de Montpellier. Ajoutons qu'il avait un talent pratique tout à fait hors ligne. Cependant, il se préoccupait peu de le dépenser et encore moins d'en tirer profit. Il ne donnait de consultations suivies qu'à la classe ouvrière et nécessiteuse de Nantes et de la banlieue dont il s'était rapidement conquis la confiance et l'affection. Par son intelligence supérieure autant que par la bonté de son caractère et la sûreté de ses relations, il sut se concilier aisément l'estime générale. Aussi bien ne pouvait-il en recueillir un plus flatteur témoignage que dans le choix spontané qui fut fait de lui sous le gouvernement de la branche aînée de Bourbon, pour remplir le mandat de conseiller municipal de la grande cité nantaise. Il y fut une autorité du premier coup. Mais, quand arriva la Révolution de Juillet, fidèle à la foi franchement royaliste de ses pères, autant que dégoûté des menées humaines arrivées au paroxysme de l'intrigue, il prit prétexte de ses soixante-sept ans et de la santé déjà frêle de son fils *unique* pour se retirer plus complètement que jamais dans sa terre de LA VERGNE, au milieu des bons habitants de la campagne qu'il aimait, moins en maître qu'en père et qui le payaient en retour, dit la chronique, d'un attachement à toutes épreuves. Il devenait de la sorte la seconde Providence du pays et le trésorier des pauvres gens d'alentour.

On comprend de reste avec quelle scrupuleuse sollicitude un tel père dût s'occuper de l'éducation de son fils. Nous en savons déjà quelque chose, mais nous n'avons fait qu'effleurer ce sujet, revenons y pour nous instruire et nous édifier encore.

Monsieur RICHARD DE LA VERGNE ambitionnait d'être le premier maître du jeune FRANÇOIS, et il le fut de la façon la plus heureuse. Il se plut à commencer ses études classiques aussitôt qu'il le vit à même de comprendre le rudiment. C'était durant l'hiver, à Nantes. Lorsque revinrent les beaux jours, et avec eux le retour annuel au château de La Vergne, un précepteur à principes accentués et d'une intelligence distinguée recueillit le jeune FRANÇOIS des mains paternelles et dut lui servir dès ce jour de second Mentor. Ce n'était pas que les parents de l'enfant voulussent abdiquer leur autorité imprescriptible entre des mains étrangères, non pas ; mais ils sentaient l'un et l'autre la nécessité qu'il y avait à mettre l'écolier sous un nouveau régime. Justement effrayé des dangers auxquels sont trop souvent exposés les jeunes gens dans les maisons d'éducation publique, et se défiant, d'autre part, de la trop grande complaisance à laquelle il est difficile de se soustraire quand on est père, M. RICHARD DE LA VERGNE avait pris ce moyen terme qui conciliait tout.

On ne pouvait agir plus sagement. D'ailleurs, l'enfant avait à se préparer à sa première communion, et, sauf de rares exceptions, il n'est de meilleure préparation que celle que l'on reçoit d'une mère chrétienne. On trouve dans le registre de la Confrérie du Rosaire à Boussay le nom de François-Marie-Benjamin Richard de la Vergne à la date de 1830.

Reprenons maintenant la bienveillante confidence interrompue tout à l'heure.

« Afin de donner de l'émulation au jeune écolier, plusieurs enfants du bourg travaillaient et concouraient avec lui. Deux de ces enfants sont devenus prêtres. Le jeune François montrait dès lors de l'inclination pour l'état ecclésiastique, mais il n'était pas prudent d'en parler à son père. François était le seul rejeton qui conservât le nom de la famille. L'élève travaillait avec ardeur, dans les dernières années surtout ; il passait même une partie de ses nuits à l'étude, à l'insu de son maître, et surtout de son père qui n'aurait pas manqué d'y faire la plus vive opposition. Il y avait congé le jeudi et le dimanche. Les prêtres de la paroisse y prenaient part pour l'ordinaire. Les jeux étaient intéressés, et le gain au profit des pauvres. Pendant les études du jeune François à la maison paternelle, M. Dupont, curé de Boussay, avait réuni en communauté plusieurs filles de sa paroisse pour faire l'école aux enfants de leur sexe. La maison qu'elles habitaient n'étant pas suffisante, il fallut s'en procurer une plus vaste. Cette nouvelle maison fut acquise en 1834 sous le nom du jeune François alors âgé de 15 ans. Monsieur François, comme on l'appelait à Boussay prit au sérieux sa qualité de propriétaire et de protecteur d'une école qui compta dès lors plusieurs enfants soutenus par lui.

Nous savons encore que la plus sage des petites pensionnaires avait un privilége fort ambitionné des mères, et qui excitait au plus haut point l'émulation de cette angélique tribu : c'était d'occuper le berceau qui avait servi à Monsieur François dans son enfance. On ne nous a pas dit si cet objet d'innocentes convoitises existait encore mais, dans le cas affirmatif, nous ne doutons pas qu'il soit pieusement conservé (1).

Un brillant examen subi à Rennes en 1836 couronna les études de Monsieur François.

---

(1) Depuis 1860, les fondatrices survivantes, mais devenues infirmes, de la communauté de M. le curé Dupont, se sont empressées de céder leurs lieu et place aux excellentes religieuses de l'instruction chrétienne de St-Gildas, par les soins mêmes de M. François Richard, devenu vicaire général de Nantes.

Trois ans plus tard, Monsieur Richard de La Vergne, témoin de ces premiers succès qui lui en présageaient d'autres, et justement flatté dans ses rêves de père chrétien de la vive auréole qui brillait déjà au front de son fils bien-aimé, emportait au Ciel la suprême consolation de s'être endormi sous son baiser filial, dans la paix du Seigneur Dieu des Vivants. C'était le 14 novembre 1839. Dieu ne pouvait mieux récompenser dès ce monde le bon et fidèle serviteur qui s'en allait à lui après avoir soutenu vaillamment le bon combat.

Par un testament olographe, M. Richard de la Vergne avait donné à son fils, d'abord la terre patrimoniale de La Vergne, d'un revenu de quinze mille livres, puis le château et la terre de l'Eschasserie, en Vendée, qui s'étend à la fois sur la commune de la *Bruffière*, et sur celle des *Landes-Génusson*. Cette dernière propriété était entrée dans la famille quelques années avant 1789. C'était un fort beau lot. Néanmoins l'héritier l'estimait déjà à sa juste valeur, c'est-à-dire qu'il ne voyait en lui qu'un appoint aux ressources dont son âme s'était mise en quête pour les œuvres de charité, avant de s'attacher exclusivement aux pas du Divin Maître. Aussi méritait-il bien qu'on lui appliquât ces paroles du saint homme Job : « La compassion grandit dans mon âme avec les années ; elle est sortie avec moi du sein de ma mère. »

Resté seul à *La Vergne* avec sa mère, le jeune homme y continuait cette existence pleine de piété, de travail et d'humilité qui devait être le prélude de la vie nouvelle à laquelle il aspirait dans le secret de son cœur ; et de même que celle dont il devait être le biographe, il s'élevait chaque jour davantage vers Dieu par ces degrés mystérieux que le Juste dispose dans son cœur, selon le langage des saints livres. Oui, comme il devait l'écrire de la Bienheureuse Françoise d'Amboise. « Il y avait dans son cœur une continuelle aspira-« tion vers une perfection plus grande. Il est des hommes, écrit le « pape saint Grégoire, qui ne réservent rien, mais qui immolent à « Dieu leurs sens, leur vie, et la fortune qu'ils ont reçue de Lui. « Cette immolation entière de l'homme à Dieu, c'est la vie reli-« gieuse. Ne soyons pas surpris que les âmes les plus élevées « se sentent attirées à une existence qui seule peut satisfaire « les désirs de perfection plus grande que Dieu leur inspire. » En attendant, la santé jusque-là débile de Monsieur François n'avait rien perdu de sa délicatesse. En vain voulut-il la mater. Ses essais n'aboutirent qu'à de pires résultats. « Dieu est admirable dans ses « desseins sur les âmes : il sait, quand le moment est venu, les « conduire à ceux qui doivent les diriger et leur manifester sa volonté. » Ainsi arriva-t-il. Le vénérable évêque de Nantes, Monseigneur de Hercé s'interposa un beau jour. Il dit à Monsieur François que la vie du cloître pourrait être son rêve, qu'assurément il en était digne, mais que peut-être n'était-ce point celle qu'il dût embrasser, puisqu'après tout, Dieu ne lui avait pas donné une santé de fer. Sa Grandeur fit entrevoir que le Séminaire s'accommoderait mieux de lui que *la Trappe de Melleraye* où, depuis lors, il devait aller *plus d'une fois chercher les exemples fortifiants d'une vie pénitente ou laborieuse*, nous a-t-il dit. Ces avis du premier pasteur du diocèse de Nantes venaient confirmer les exhortations paternelles du Supérieur même du Séminaire, de Monsieur l'abbé de Courson. « C'est à lui en effet, nous écrivait-on récemment de la Bretagne, que l'Eglise de France doit un de ses plus saints évêques : Monseigneur Richard, évêque de Belley ! » Connaissant donc mieux que personne les talents, le mérite et les inclinations de Monsieur François, alors âgé de 20 ans, M. de Courson vit l'heure de trancher la question. Il se rendit à La Vergne et se fit hardiment son avocat auprès d'une mère qui déjà pressentait bien la destinée de son fils, mais qui n'attendait plus que cette voix pour s'y rendre. Oh ! il en coûta beaucoup à Madame Richard de la Vergne de se séparer de son *Benjamin*, mais elle était de longtemps préparée à tous les sacrifices, cette femme forte. Intimement convaincue d'ailleurs que le respectable supérieur n'était ici que le porte-voix de Dieu, elle retrouva, en un instant, cette foi, cette abnégation, qui brillait entre toutes ses vertus, afin de hâter l'accomplissement des plus chers désirs de son fils. Lui-même fit acte d'obéissance, à son directeur spirituel, à son Evêque et à sa Mère, en se résignant au clergé séculier. Nous l'avons oui dire, et nous n'avons aucune peine à le croire ; ce fut vraiment un beau spectacle que celui de cette double immolation de la mère et de l'enfant à la volonté divine. Le souvenir s'en est fidèlement conservé à trente-cinq ans de date.

Mais ce fut aussi tout un événement dans la haute société nantaise.

Si grandes que fussent les vertus de Monsieur François, on ne s'était pas attendu à ce qu'il dût les couronner par un tel sacrifice ! Ses manières exquises, l'élévation de son caractère, la finesse et la distinction de son esprit, le charme de sa conversation lui avaient ouvert à deux battants les portes des salons. Et on l'avait d'autant mieux accueilli dans le monde qu'il joignait à tous ces avantages une très-grande fortune. En outre, on savait que c'était un homme du meilleur ton. Il avait tout ce qu'il fallait pour rendre charmante la vie de famille. On lui en avait vu remplir tous les devoirs avec non moins d'exactitude que ses pratiques de piété, et l'on se promettait tout bas mille agréments de ces relations qu'il avait le don de faire rechercher de ceux-là mêmes qui ne partageaient point ses sentiments.

Mais c'en était fait désormais. Il ne servait plus rien d'associer son nom à aucun projet périssable. Les raisons spécieuses ne pouvaient avoir aucune prise sur une telle âme. Aussi bien n'était-il plus du monde que par sa famille et par ses amis, et il ne s'appartenait plus assez à lui-même pour retarder son entrée au Séminaire au-delà du temps indispensable au règlement de ses affaires. « Hélas ! s'écriaient les uns, à qui s'en prendre ? — à Dieu qui seul dispose de tout trèsheureusement et qui ne s'émeut pas des récriminations humaines — répondaient les intimes du jeune homme. Dieu seul l'appelait en effet, et lui seul s'entend à diriger comme à inspirer les vocations.

Pour Monsieur François, dont rien de spécieux ne pouvait ébranler la résolution, il laissait dire, car il y avait bon temps qu'il goûtait le conseil de saint Bernard : « Nul n'est parfait s'il ne désire de l'être plus encore, et c'est faire preuve de perfection que de tendre à une perfection plus haute. »

En dépit des attraits d'une existence opulente et tranquille qui conspiraient pour l'enchaîner à d'honorables loisirs, il mettait son projet à exécution. Il prenait sans regarder en arrière l'irrésistible élan qui l'emportait vers le sacerdoce. Nous lui appliquerons donc volontiers ici ces grandes et nobles paroles écrites par lui plus tard dans la vie de la Bienheureuse Françoise d'Amboise : « En brisant « les liens qui l'attachaient à la terre, pour suivre Jésus-Christ « pauvre et crucifié, il faisait donc un de ces actes que saint Paul a « caractérisés en les appelant la folie de la croix (1). Il est vrai que « cette folie est aux yeux de Dieu une sublime sagesse. Mais le « monde ne la comprend pas et ne peut la comprendre ; s'il a quel- « que bienveillance pour les personnes qui embrassent les maximes « de la perfection évangélique, il les plaint, le plus souvent il ne « peut supporter une conduite qui le condamne, et il n'a que des « blâmes pour ceux qui le fuient. » Lui aussi eut sa part des con- « tradictions que le monde fait souffrir à tous ceux qui embrassent « la croix de Jésus-Christ. Il y a là un genre d'épreuves qui, pour « être souvent obscures et cachées n'en sont pas moins douloureuses « et méritoires. Rien n'est plus pénible que de voir la persécution « venir de ceux-là mêmes avec qui nous vivions dans l'intimité et

---

(1) 1, Cor., I et II.

« près desquels nous avons besoin de trouver appui et consolation. »

La réponse invariable que leur fit MONSIEUR FRANÇOIS fut digne de celle de la Bienheureuse Françoise en pareille circonstance : « aller contre la volonté de Dieu n'est ni licite ni raisonnable : c'est Celui auquel il faut principalement obéir... j'ai fait mon vœu et n'en veux pas de dispense. »

La Grâce d'en Haut soutenait ainsi MONSIEUR FRANÇOIS comme Elle avait armé la sainte Duchesse de Bretagne pour tous les combats. Tous deux également demeurèrent inébranlables devant les séductions de l'amitié et de la famille. Sur le conseil de cet illustre compatriote que nous avons déjà nommé, M. l'abbé de Courson, il tournait les yeux vers Saint Sulpice, et c'est sous ces auspices qu'il se prépara à entrer au plutôt à ce noviciat privilégié de la milice sacerdotale.

Mais, auparavant, il lui restait plusieurs dispositions à prendre. Nous ne croyons pas être indiscrets de nous y arrêter encore.

MONSIEUR FRANÇOIS se dessaisit du château de *La Vergne* en faveur de sa sœur, Madame *Rosalie Pellerin de la Vergne* qui lui donna en échange des propriétés situées à *Manlevrier* (Maine-et-Loire). Toutefois, il se réserva le droit d'une chambre pour ses vacances ; et cette réserve combla de joie toute la famille en même temps qu'elle fut une consolation pour le pays.

Enfin, le jour approchait où MONSIEUR FRANÇOIS allait revêtir la livrée des pieux enfants de Saint-Sulpice. Ses malles furent bientôt faites; il n'emportait avec lui que le plus strict nécessaire. Comme l'homme de confiance, dont il allait faire le gérant de ses propriétés, lui tendait des éperons d'argent auxquels il le savait attaché, il ne put s'empêcher de sourire et lui dit avec cette grâce charmante 'qui fut toujours le cachet de sa personne : « Oui j'aimais bien les porter, mais prenez-les, mon ami ; jamais je ne les porterai plus désormais. » Si nous relevons ce détail, c'est ce que nous tenons à faire remarquer tout de suite combien était complet déjà ce détachement de toutes choses qui, aujourd'hui encore, n'est pas une des moindres vertus de Monseigneur Richard.

Au bout d'un quart de siècle, la congrégation de Saint-Sulpice conservait dans toute sa fraîcheur la suave mémoire du jeune lévite breton qui s'était croisé sur le seuil de la vie avec MONSIEUR FRANÇOIS : l'un remontant au ciel en la fête du Séraphique François d'Assise, l'autre arrivé sur terre comme don fraternel d'un joyeux avènement à la couronne d'immortalité, comme gage suprême de consolation pour le manoir à jamais béni de *La Vergne*. Et l'on croira aisément que toute la maison de Saint-Sulpice accueillit à bras ouvert ce nouvel enfant que lui envoyait encore de la terre de Bretagne « un des ecclésiastiques les plus vénérables de notre temps, prêtre éminent en sainteté dont le nom est resté entre tous comme un type de douceur et de piété sacerdotales »

Nulle part plus qu'à Saint-Sulpice, la vie du Séminariste n'est un noviciat plus fécond.

« Le noviciat, a écrit Mgr RICHARD, est un temps tout spécialement
« consacré à l'étude laborieuse de la perfection. Mais Dieu se plaît
« à répandre l'onction de sa grâce sur les sacrifices que lui offre
« une âme généreuse, soit qu'il la réjouisse par ses consolations,
« soit qu'il la fortifie par son action secrète qui pénètre jusqu'au
« plus intime de nos facultés et nous fait embrasser avec amour les
« épreuves et les amertumes. Où se trouve l'amour, dit saint
« Augustin, il n'y a pas de travail et de peine, ou, s'il y a du travail
« et de la peine, le travail et la peine sont aimés. Aussi, les années
« du Noviciat demeurent-elles pour l'âme religieuse pleines de
« souvenirs bénis, alors que le Seigneur l'attirait miséricordieusement
« à son amour et la soutenait dans cette voie nouvelle avec la bonté
« qu'il témoignait aux enfants d'Israël quand il les conduisait au
« sortir de l'Egypte et les portait dans ses bras vers la terre
« promise. »

« Il n'y a point de perfection vraie et solide sans une perpétuelle
« abnégation de soi-même », ajoute l'historien de la Bienheureuse Françoise d'Amboise. MONSIEUR FRANÇOIS RICHARD le prouva en se donnant tout entier du premier coup à la vie paisible, laborieuse et fortifiante du Séminaire où l'avait attiré une vocation vraiment irrésistible. Il avait alors pour émules plusieurs jeunes prêtres d'avenir, qui marchent aujourd'hui en première ligne de l'Episcopat français et qui se plaisent à raconter quel était son amour pour la discipline, son application aux études ecclésiastiques, son empressement à embrasser la règle dans ses moindres articles. Une précieuse vertu brillait surtout en lui et frappait tous les regards ; elle charmait ses confrères tout autant que sa remarquable aptitude à la science théologique : c'était la plus charmante humilité dans ses rapports avec un chacun. Assurément il la puisait dans ses méditations sur le tombeau de saint Vincent de Paul où il était dans les usages de Saint-Sulpice d'aller en pèlerinage chaque année pour demander la grâce de l'esprit sacerdotal. Nous faut-il dire à présent que les épreuves ne furent pas épargnées à MONSIEUR L'ABBÉ RICHARD ? Il en est, dans le courant de la vie, de plus lourdes et de

plus accablantes les unes que les autres ; mais aucune ne le surprit au point d'ébranler sa fermeté d'âme. Dieu voulait qu'après être parvenu à se maîtriser assez pour se posséder toujours, à l'exemple de son patron saint François de Sales, il continuât de prêcher d'exemple en attendant l'heure d'annoncer la parole de vie, et il le fit constamment avec un rare bonheur.

Mais, en vérité, la plus douloureuse des peines qu'il ressentit à cette époque, ce fut bien celle que lui infligea la Providence, peu de mois avant son ordination.

Un jour, on voit arriver dans les cours Monsieur l'abbé de Courson, encore supérieur du séminaire de la Philosophie, à Nantes. Son jeune compatriote l'aperçoit et se hâte au-devant de lui avec cet empressement filial dont l'expresssion était si douce au cœur de l'illustre prêtre breton. Celui-ci a les yeux pleins de larmes ; d'un geste trop éloquent il montre le Ciel à l'enfant de Saint-Sulpice, puis il reste sans parole, mais son regard parle. Monsieur François l'entend tout de suite... Sa mère vient de mourir à Nantes ! Aussitôt il s'agenouille, joint les mains, et, portant vers le ciel un regard émouvant, il demande avec son ineffable sourire à tous ceux qui l'entourent de vouloir bien s'unir un instant avec lui par la prière.

Puis, se rappelant ces paroles du psalmiste : *Mon père et ma mère m'ont laissé , mais le Seigneur m'a recueilli,* » il se relève calme et résigné : « Non, jamais nous n'oublierons avec quelle soumission parfaite LE SAINT ABBÉ RICHARD accueillit la nouvelle de cette immense affliction, » nous disait, il y a un an, un autre saint prélat de ses amis qui venait à son tour de traverser les mêmes angoisses ; « ce fut *une fameuse bonne fortune spirituelle* pour toute la maison, et en particulier pour nous, appelés à franchir les plus hauts degrés du sanctuaire, que de le voir en cet instant ! » Cependant, rien ne saurait peindre la douleur intérieure de ce modèle des fils ! Elle fut d'autant plus vive qu'il prenait plus de soin à la contenir, crainte de scandaliser ses confrères en manquant à la résignation chrétienne. Mais le Dieu de bonté et de miséricorde permit qu'il trouvât un grand adoucissement dans les prières qu'il demandait de tous côtés pour la chère défunte comme dans celles que lui-même ne se lassait point d'adresser au Divin Maître. « Le « monde oublie vite les morts, mais l'affection des saints est plus « durable, parce qu'elle a sa racine dans l'amour de Dieu ou la « charité. Elle est surtout plus vraie, et ce que les saints veulent sur- « tout pour ceux qu'ils aiment, c'est le salut éternel. Ils savent que « toutes les félicités de la terre sont incomplètes, quand elles ne

« sont pas mensongères et qu'il ne sert de rien à l'homme de gagner
« l'univers entier, s'il vient à perdre son âme » (1).

Enfin, le 21 décembre 1844, en la fête de l'apôtre saint Thomas,
Monsieur François Richard fut ordonné prêtre par l'archevêque de
Paris, Msr Affre, dont la fin devait être si généreuse, si héroïque !
Ce jour même était l'anniversaire de celui où saint François de Sales,
patron du nouveau prêtre, avait célébré pour la première fois les
saints mystères dans la cathédrale d'Annecy (21 décembre 1593).
Aussi peut-être nous est-il permis d'appliquer à Monsieur l'abbé
Richard ce témoignage d'un pieux biographe de l'immortel évêque
de Genève : « François se releva comme transfiguré. Ce n'était plus
l'humble lévite qui avait choisi pour sa part les derniers degrés du
sanctuaire, c'était le prêtre de Jésus-Christ qui sentait ce qu'il y
avait de royal et de grand dans son sacerdoce, qui savait toute la
sublimité et la sainteté de la dignité à laquelle il venait d'être
promu.... son recueillement durant cette action redoutable pénétra
d'une admiration profonde tous ceux qui étaient autour de lui, et
sur son visage *reluisait* — pour nous servir des paroles de l'un d'eux
— *je ne sais quoi d'angélique et de divin* qui contraignait les personnes à l'aimer, l'honorer et l'estimer » (2).

Il fut donné à Monsieur l'abbé Richard de renouveler cet édifiant
spectacle.

Revenu à Nantes pendant le carême de 1845, Monsieur l'abbé
Richard fut nommé chanoine honoraire de la cathédrale pour le
jour de Pâques (23 mars), et il débuta dans l'exercice du ministère
sacerdotal en partageant les travaux de deux de ses amis (M. l'abbé
Charles Lemortellec et M. l'abbé Eugène Peigné à *Notre-Dame de
Toutes Joies*, leur œuvre commune.

A ce sujet, nous emprunterons la première partie de l'intéressante
monographie présentée au congrès catholique de Lyon l'année dernière par M. Peigné lui-même (1) sur la *Société de Notre-Dame de
Toutes joies* à Nantes. « Au mois de septembre 1844, trois jeunes
prêtres étaient appelés par la divine Providence à fonder l'œuvre de

---

(1) Vie de la bienheureuse Françoise d'Amboise, par l'abbé Richard, vi-
caire-général du diocèse de Nantes, 1865.

(2) *Les petits Bollandistes*, vie des saints par Msr Paul Guérin, camérier
de S. S. Pie IX (mois de Décembre, p. 509).

(1) M. l'abbé *Eugène Peigné*, des prêtres de l'Immaculée-Conception,
depuis 30 ans directeur de l'œuvre ouvrière de *Notre-Dame de toutes joies*,
à Nantes ; Msr Richard, l'a nommé chanoine d'honneur de Belley, et installé
solennellement dans la cathédrale le dimanche 23 août 1874.

Notre-Dame de Toutes Joies. L'un était M. Charles Lemortellec, rare trésor d'esprit et de cœur, que la mort hélas ! nous a enlevé à l'âge de 35 ans ; l'autre était M. l'abbé François *Richard de la Vergne*, devenu ce saint évêque de Belley, qui s'est assez fait connaître au Congrès de Lyon pour que je n'aie point de meilleur éloge à faire de lui que de prononcer son nom. Le plus âgé était votre très-humble serviteur.

« Aux Pâques précédentes, nous avions donné une retraite spéciale à une centaine de petits apprentis. Nous étions dans toute l'ardeur de notre jeunesse sacerdotale, et la malheureuse situation de ces pauvres enfants si exposés à la corruption et à la perte de la foi, avait profondément ému nos âmes de Prêtres. Nous ne pensâmes d'abord qu'à leur offrir la modique ressource d'un cathéchisme de persévérance dont nous fixâmes les réunions à 11 heures du matin, tous les dimanches et jours de fêtes, parce que presque tous étaient alors victimes de ce déplorable abus du rangement de l'atelier dans la matinée qu'une loi plus sage et plus chrétienne va, grâce à Dieu, faire bientôt disparaître.

« L'un de nous leur disait la sainte messe, un autre leur faisait une courte instruction, et un troisième donnait les avis à peu près comme il se pratique dans les catéchismes de St-Sulpice, à Paris.

« Au bout de quelques mois, nous dûmes reconnaître que nous faisions peu de fruit parce que nos pauvres apprentis perdaient dans les relations de l'après-midi tout le bien que nous nous étions efforcés de produire en eux dans la matinée.

« C'est alors que Celui qui a daigné se faire lui-même petit apprenti et qui a dit à ses apôtres : *sinite parvulos venire ad me,* nous poussa intérieurement à la création d'une œuvre nouvelle dont, jusque-là, nous n'avions eu aucune idée.

« Nous voyions les fils des riches partir joyeux, le dimanche, vers le milieu du jour, pour aller prendre leurs ébats dans quelque jardin voisin de la ville, ou dans de belles campagnes qu'un brillant équipage mettait à leur portée. Nous nous dîmes entre nous : pourquoi ne procurerions-nous pas à nos chers enfants déshérités de la fortune, le bonheur d'avoir, eux aussi, leur petite maison de campagne !

« La délibération ne fut pas longue. Une seule question restait à résoudre ; nous n'avions pas d'argent (1).

« Quelques jours plus tard, j'avais l'occasion de parler, dans une

---

(1) On assure qu'à sa part Mgr RICHARD, n'a pas donné moins de *cent mille* francs à cette œuvre qui s'honore de l'avoir eu pour fondateur avec le zélé · M. Peigné auquel incombe depuis 30 ans tout le poids de la direction.

famille riche, de notre grand projet, qui fut fort approuvé ; et, comme j'exposais naïvement le petit embarras qui nous retenait encore, l'excellente dame de la maison m'interrompit et me jeta l'une de ces délicieuses inspirations par lesquelles le cœur de la femme chrétienne sait venir au secours de toutes les misères. M. l'abbé, me dit-elle vivement, ce n'est que cela qui vous arrête ! Ouvrez de suite une souscription à cinq francs par an et j'aurai l'honneur de m'inscrire la première. L'avis fut immédiatement mis à profit. Notre bon évêque, Mgr de Hercé, daigna l'approuver, s'inscrire lui-même, écrire de sa main une chaude recommandation de l'œuvre. Bientôt 300 signatures nous assurèrent une rente annuelle de 1,500 fr. et nous nous hâtâmes d'acheter une portion de jardin mesurant environ 4,000 mètres.

« En deux ou trois jours, des clôtures furent posées, et dès le dimanche suivant, nous invitions nos heureux enfants à venir prendre possession de leur nouveau domaine. Vous dire avec quel bonheur ils accoururent au rendez-vous, serait chose inutile. Après avoir chanté un hymne d'actions de grâce à la Très-Sainte-Vierge Marie et l'avoir établie Reine et Maîtresse de ce petit local, sous le nom béni de Notre-Dame de Toutes Joies, nous donnâmes le signal et des jeux de barre se formèrent ; nous commençâmes des courses échevelées sur une terre encore molle de son dernier labour, d'où nos pieds prudents déracinaient à chaque pas quelque infortuné chou ou quelque pauvre carotte, fort étonnés de ce traitement brutal.

« Alors, Messieurs, nous étions loin de soupçonner l'avenir que la bonne Mère de Jésus-Ouvrier réservait à notre petite œuvre. Nous comptions soixante et quelques enfants ; nos rêves les plus téméraires faisaient miroiter devant nos regards, dans un jour lointain, une brillante société de cent cinquante ou deux cents apprentis. Mais celle dont saint Bernard a dit : *totum nos voluit habere per Mariam*, travaillait avec nous. M. Lemortellec et moi, nous traînions patiemment notre charrue, et, tandis que nous tracions le sillon, le saint abbé RICHARD tombé malade et souffrant de cruelles douleurs, y déposait le céleste engrais de sa patience et de ses prières.

« Tels furent nos très-petits commencements (1). »

---

(1) « Aujourd'hui, continuait M. l'abbé PEIGNÉ, la petite plante est devenue un grand arbre et notre œuvre a l'honneur d'être regardée comme une force religieuse pour la ville de Nantes. Elle possède un vaste établissement, convenablement placé, dont l'enclos a près de deux hectares. Notre chapelle est fort belle et peut tenir huit à neuf cents personnes. Nos jardins ont de vastes allées, où notre procession des Reliques de saint Joseph peut

Mais aux personnes qui témoignaient à M. l'abbé Richard leur peine de le voir sans cesse aux prises avec la douleur, l'humble prêtre répondait comme autrefois la Bienheureuse dont il a écrit la vie : « Ce monde n'est point un lieu de félicité, mais de travaux et « calamités dans lequel Notre Sauveur Jésus-Christ a tant souffert « d'opprobres, de travaux et de tourments, étant mort honteusement « pour notre salut, et ceux qui sont ses amis participent de ses « peines et passions. Mon Seigneur Jésus, c'est mon amour, c'est « ma patience qui, par sa grâce, m'a donné de son vin d'amertume, « duquel le nom soit béni à jamais ! »

En vérité, il nous semble entendre saint Ambroise lorsqu'il écrivait : « *Ubi patientia, ibi lætitia !* Où est la patience, là est ma joie. »

Sur ces entrefaites, les médecins de M. l'abbé Richard jugèrent sa santé assez sérieusement compromise pour la soumettre sans plus tarder à un climat réparateur. Ils le pressèrent d'aller en Italie, aussitôt que son état languissant lui permettrait de quitter le château de Vallet où il se trouvait alors chez un parent.

Comme on lui avait entièrement laissé le choix du lieu où il devait prendre un gîte en Italie, M. l'abbé Richard s'en alla directement à Rome, et, dans cette atmosphère bénie, on le vit bientôt goûter ce parfait bien-être que donne l'accomplissement d'un rêve longtemps caressé. Parti sur la fin de 1845, il arriva juste à temps pour voir les derniers jours de Grégoire xvi et saluer l'exaltation de Pie ix sur la chaire de saint Pierre. Remarquons, en passant, qu'il fut le premier prêtre breton qui eût cet honneur insigne, en même temps que le vénérable abbé Cabanet, curé de Salavre, que nous pleurons encore, représentait l'Eglise de Belley, aux pieds du nouveau Pontife romain.

A cette heure solennelle de la Papauté, nous aimons à voir l'un près de l'autre, perdus dans la foule, mais rapprochés par les voies de Dieu, ce fidèle prêtre de Belley et le futur évêque qui enregistra sa mort parmi les deuils de son trop court Pontificat.

Nous ne savons si c'est bien à cette époque que se rattache le pieux récit qui va suivre, en tout cas il n'y a nul inconvénient à lui assigner cette placé dans notre recueil.

---

se dérouler, au jour de la fête de l'*Union*, avec une certaine majesté. Nos cours sont spacieuses et bien ombragées, nos salles de jeux sont modestes, mais convenables : celle des représentations est gracieuse à l'intérieur et peut loger de neuf cents à mille personnes. »

(Compte-rendu du Congrès de Lyon, 1874.)

« Un jour », dit Monseigneur Richard dans la vie de la Bienheureuse Françoise, « en visitant les sanctuaires de l'Italie, nous fûmes conduit jusqu'au sommet de l'Alverne, montagne bénie qu'habitèrent saint Antoine de Padoue et saint Bonaventure et où saint François d'Assise reçut les stigmates. Nous ne pouvions faire un pas sans rencontrer quelque souvenir de ce grand amateur de la pauvreté ; lorsque nous arrivâmes dans la chappelle qui s'élève sur le lieu même où il était en oraison quand il eut la vision mystérieuse qui laissa sur sa chair l'empreinte du sceau de Jésus-Christ. On nous dit que chaque jour les Religieux y venaient après les vêpres et les Matines chanter l'antienne de saint François, puis ils ajoutaient : « *Signasti hic, Domine, servum tuum Franciscum, signis Redemptionis nostræ : C'est ici, Seigneur, que vous avez marqué votre serviteur François des signes de notre Rédemption.* Il fait vraiment bon vivre dans ces lieux où les saints ont vécu et où ils sont morts ; avec eux et près d'eux on touche le ciel, et on comprend que la vie chrétienne n'est que le commencement de la vie glorifiée de l'Eternité. »

Nous nous sommes quelque peu éloigné de notre sujet, revenons-y. M. L'ABBÉ RICHARD resta près de trois ans dans la ville éternelle et cette station lui fournit l'occasion, inespérée jusque-là, de poursuivre ses premières études sur la liturgie, comme aussi d'en entreprendre d'héroïques dans un autre domaine. « Non-seulement, pendant son séjour à Rome, il avait puisé aux sources les plus pures de la science sacrée, — disait il y a trois mois le journal le *Français* — mais il y avait acquis un esprit de mesure dans le commerce des hommes et la conduite des affaires, une sûreté invariable de doctrine, et enfin une connaissance approfondie et un amour intelligent de la liturgie sacrée. »

S'il revint ensuite dans sa chère Bretagne, c'est que son nom s'était conquis déjà une trop grande notoriété, dans la cité nantaise comme au dehors, pour que l'autorité ecclésiastique négligeât de s'assurer au plutôt son heureuse collaboration dans la conduite du diocèse. Précisément, la mort de Monseigneur de Hercé venait d'élever sur le siége épiscopal de Nantes Mgr Jaquemot, cet intrépide vicaire général qui avait illustré son nom en accompagnant sur les barricades de juin Monseigneur Affre, le grand archevêque martyr. Monseigneur Jaquemet avait connu MONSIEUR L'ABBÉ RICHARD à St-Sulpice et il ne l'avait pas oublié. Il le retrouva avec joie. Sur la recommandation expresse de M. l'abbé de Courson, dont le nom ne pouvait que lui inspirer une confiance illimitée, le nouvel évêque n'hésita pas à réaliser un des derniers projets de son vénérable prédécesseur en appelant Monsieur l'abbé Richard, seulement âgé de 31 ans, aux fonctions de vicaire général. Le Gouvernement agréa du premier coup cette nomination. Et c'est ainsi que du 15 août 1850 au 9 novembre 1869, Monsieur l'abbé Richard remplaça le respectable Monsieur Vignault comme vicaire général d'un Evêque qu'il ne devait point quitter, et dont il devint immédiatement le commensal, l'ami et le conseiller. Il exerça même une autorité plus grande au bout d'une dizaine d'années, car Monseigneur Jaquemet, se trouvant prématurément aux prises avec la maladie qui devait le conduire au tombeau, se déchargea sur lui sans inquiétude, du poids de l'administration extérieure du plus vaste diocèse de la Bretagne, et Monsieur l'abbé Richard s'empressa de le partager avec un de ses collègues.

Nous lisions tout à l'heure dans l'ouvrage remarquable qu'écrivait il y a trois ans un vicaire général de Saint-Dié (aujourd'hui notre évêque élu) sur le R. P. Moye, fondateur de la Congrégation de Portieux, ce portrait dont la ressemblance avec Monsieur Richard, est on ne peut plus frappante à cette époque de sa vie.

« Il est juste de reconnaître qu'il fut apprécié pour lui-même dès les premiers jours..... On était frappé surtout de la dignité de son maintien, de la gravité de sa démarche, de cet air sérieux et recueilli qui contrastait si fort avec sa jeunesse. Il semblait à tous qu'il avait déjà beaucoup vécu, et qu'en lui l'expérience avait devancé les années. Aussi vit-on bientôt aller en foule à lui les âmes que la grâce avait touchées. Il n'avait pas à répondre seulement à ceux qui étaient déjà dans la bonne voie ; ceux-là même qui n'avaient point encore correspondu à la grâce se sentaient touchés par ses paroles et fortifiés par son exemple, et venaient avec empressement lui demander le secours de ses lumières. Il leur semblait qu'ils surmonteraient sans peine les difficultés qui les avaient fait hésiter jusqu'alors, quand ils seraient sous la conduite d'un homme qui ne les engagerait dans la voie de la vertu qu'en y marchant lui-même fermement et courageusement devant eux » (1).

Nous ne sommes malheureusement pas assez près de Nantes, à l'heure où nous recueillons ces souvenirs, pour essayer d'analyser les œuvres qui signalent le passage de Monsieur l'abbé Richard dans l'administration d'un diocèse qui pendant vingt années bénéficia

______

(1) *Vie de M. l'abbé Moye*, de la Société des Missions étrangères, Fondateur de la congrégation des sœurs de la Providence, par M. l'abbé J. Marchal, vicaire général de Saint-Dié, 1872.

du choix si bien justifié de Monseigneur Jaquemet et de M. l'abbé
de Courson. Nous en dirons quand même le peu que nous savons,
grâce aux bienveillantes communications qu'ont bien voulu nous
faire de bons amis de la Bretagne et de la Vendée qui s'honorent
eux-mêmes de la vieille amitié de l'ancien vicaire général de
Nantes.

Et, pour commencer, on nous permettra de laisser parler ici
Monsieur l'abbé Richard lui-même, en lui empruntant quelques
belles pages où se trouvent racontés par lui deux grands faits de
l'Eglise de Nantes, où il n'eût pas la moindre part.

« En 1858, Monseigneur Alexandre Jaquemet, qui gouvernait le
« diocèse de Nantes depuis 9 ans, annonça au clergé et aux fidèles
« que l'antique Eglise de saint Clair, saint Donatien et de saint
« Rogatien allait reprendre la liturgie romaine, dont elle ne s'était
« écartée que depuis un demi-siècle à peine. Çà été une conduite
« bien remarquable de Dieu que le mouvement qui a ramené sous
« nos yeux tous les diocèses de France à l'unité liturgique, si mal-
« heureusement brisée pendant le xviiie siècle. L'Eglise devait tra-
« verser une période de luttes et de périls. Le siége de Pierre
« surtout devait être attaqué avec violence et persévérance. Dieu a
« rendu son Eglise plus forte en resserrant les liens de l'unité par
« la communion de prière qui en fait la vie et la puissance. De
« même au xvie siècle, quand le protestantisme semait dans toute
« l'Europe les germes de la division religieuse, le grand Pape
« saint Pie V avait proclamé de nouveau les règles de l'unité litur-
« gique; et nos églises de France en particulier, obéissant au
« Souverain-Pontife et au concile de Trente, avaient puisé une nou-
« velle vigueur contre l'hérésie, en conformant leur prière à celle
« de l'Eglise Mère et Maîtresse de toutes les autres.

« Le retour à la liturgie romaine devint, dans le diocèse, l'occa-
« sion de recherches sérieuses sur le culte des saints qui y étaient
« honorés; les vieilles traditions de l'Eglise de Nantes furent
« remises plus que jamais en honneur; l'apostolat de saint Clair,
« envoyé dès l'origine du christianisme par le Pontife Romain pour
« annoncer l'Evangile à la cité des Namnites et aux peuples de
« l'Armorique, fut de nouveau étudié et prouvé par le témoignage
« des anciens monuments de notre Eglise et par le suffrage des
« savants continuateurs de Bollandus. Le patronage séculaire des
« saints Donatien et Rogatien sur la ville et le diocèse tout entier
« fut authentiquement constaté. Bientôt l'Eglise de Nantes obtint
« du Souverain-Pontife l'autorisation de rendre un culte public à

« l'un de ses évêques qu'elle semblait avoir oublié depuis onze
« cents ans. Saint Emilien.était allé mourir, l'an 725, près d'Autun,
« en essayant, avec une armée bretonne, de protéger cette ville
» contre les attaques des Sarrasins. Autun reconnaissant n'avait
» cessé d'honorer sa mémoire. Nantes ne voulut pas rester plus
« longtemps en arrière d'un diocèse étranger dans le culte dû à
« son évêque.

« Le 6 novembre 1859, Monseigneur Jaquemet avait ordonné
« que les autres reliques des saints du diocèse sauvées pendant la
« révolution fussent apportées à Nantes pour cette grande circon-
« stance. Les reliques du saint Emilien furent transférées dans la
« cathédrale, au milieu d'un immense coucours du clergé et du
« peuple. Les fidèles purent aussi vénérer les ossements sacrés des
« Enfants Nantais, les saints martyrs Donatien et Rogatien, ceux de
« l'abbé d'Indre, saint Hermeland, ce que nous avons de la dépouille
« mortelle de saint Benoît, abbé de Macérac, et de sa sœur sainte
« Avenia ; les restes précieux des deux solitaires de Besné, saint
« Priard et saint Secondel, contemporains du grand évêque de
« Nantes, saint Félix, et de saint Grégoire de Tours qui nous a conservé
« le récit de leur vie. Ce fut comme une révélation nouvelle de toutes
« les gloires de notre Eglise, et Monseigneur l'évêque de Nantes
« put redire les paroles que saint Ambroise écrivait, après avoir
« retrouvé les corps des martyrs de Milan, saint Gervais et saint
« Protais :

« *Grâces vous soient rendues, ô Seigneur Jésus, de ce que vous*
« *avez daigné de nos jours, faire revivre le souvenir de vos*
« *saints.... Voilà ces glorieuses reliques qui sortent de leur*
« *tombeau ; voilà ces nobles trophées qui apparaissent à la*
« *lumière du ciel. C'est vraiment le don de Dieu, et je dois avec*
« *une humble reconnaissance confesser la grâce que le Seigneur*
« *accorde aux jours de mon sacerdoce.* »

« M.ʳ *Guillaume* ANGEBAULT, évêque d'Angers, Mˢʳ *Antoine*
« COUSSEAU, évêque d'Angoulême, Mˢʳ *Louis* PALLU DU PARC, évê-
« que de Blois ; Mˢʳ *François-Augustin* DELAMARRE, évêque de
« Luçon ; Mˢʳ *Jacques-Antoine* BOUDINET, évêque d'Amiens ; Mˢʳ
« *Louis-Edouard* PIE, évêque de Poitiers , Mˢʳ *Jean-Baptiste*
« MALOU, évêque de Bruges, et les RR. Pères abbés de *Meilleraie*
« et de *Fontgombeau*, de l'ordre de Citeaux, assistèrent aux fêtes
« solennelles de la translation.

« Au milieu des acclamations qui accompagnèrent le triomphe de
« nos saints, on se souvint que l'Eglise de Nantes avait eu, dans des

« siècles plus rapprochés de nous, le bonheur de donner une sainte
« de plus à la Bretagne. Tous pensèrent que le moment était venu
« où Dieu allait enfin glorifier sa servante, et c'est dans cette cir-
« constance solennelle que la résolution fut prise de solliciter du
« Souverain-Pontife la béatification de Françoise d'Amboise.

« Déjà quelques mois auparavant, par l'ordre de Mgr Jaquemet,
« une enquête canonique avait été faite pour constater l'authenticité
« des reliques de la Bienheureuse. Cette enquête avait démontré
« d'une manière certaine que le reliquaire déposé en mourant par
« Madame de la Salmonière, entre les mains des Religieuses de la
« Grande Providence, contenait les reliques de la sainte duchesse
« qui avaient été soustraites aux profanations révolutionnaires. Aucun
« doute ne pouvait rester sur l'identité du dépôt sacré et sur sa con-
« servation ; les résultats de l'information furent consignés dans un
« procès-verbal revêtu de toutes les formes juridiques.

« En terminant leur mission, les commissaires épiscopaux, se
« souvenant des antiques usages du monastère des Couëts, s'age-
« nouillèrent devant les ossements de la Sainte, dont la glorification
« était proche, et récitèrent l'antienne et l'oraison que les filles de
« la Bienheureuse Françoise avaient si longtemps récitées près de
« sa tombe.

« L'année suivante (1860), un témoignage éclatant du culte rendu
« sans interruption à Françoise d'Amboise était donné dans l'église
« cathédrale même. Mgr l'évêque et le Chapitre avaient souhaité
« qu'un magnifique vitrail fût consacrée à la sainte Duchesse ; il
« reproduisait les principales circonstances de sa vie, depuis sa pre-
« mière communion à l'âge de cinq ans jusqu'à sa mort précieuse
« devant Dieu, et dans les inscriptions qui accompagnèrent chaque
« tableau, le titre de Bienheureuse lui fut maintenu conformément
« à la tradition immémoriale, de même que l'auréole couronna sa
« tête du signe de la sainteté.

« C'était un devoir pour Mgr l'évêque de Nantes de consacrer, par
« un acte de son autorité, les hommages rendus à la sainte Duchesse.
« Il le fit par une ordonnance rendue le 4 novembre 1861, jour
« anniversaire de la mort de Françoise d'Amboise. . . . .
« Dans cette situation, un mémoire historique et liturgique sur le
« culte de la Bienheureuse Françoise d'Amboise fut rédigé par les
« ordres de Monseigneur Jaquemet, pour être soumis au Souverain-
« Pontife. En même temps ce prélat pria plusieurs de ses vénérables
« collègues dans l'épiscopat de se joindre à lui pour solliciter du
« Saint-Siége la béatification de la servante de Dieu. Mgr l'arche-

« vêque de Rennes et les trois évêques de la province de Bretagne
« s'empressèrent d'adresser au Saint-Père leur supplique en faveur
« de l'ancienne souveraine du duché. Mgr l'archevêque de Tours,
« qui compte parmi les villes de son diocèse, celle de Tours-
« Amboise d'où la famille a pris son nom, Monseigneur l'évêque de
« Poitiers, dont le diocèse renferme la ville de Thouars, ancienne
« seigneurie du frère de Françoise et probablement aussi lieu de sa
« naissance, s'unirent aux évêques bretons pour demander la con-
« firmation du culte immémorial rendu à la sainte Duchesse. Aux
« suppliques des évêques se joignaient les vœux exprimés par les
« Chapitres des églises cathédrales. Le 11 février 1863, député par
« notre évêque pour accomplir le devoir de la visite au tombeau des
« Saints Apôtres, nous déposions nous-même entre les mains du
« Souverain-Pontife toutes les pièces relatives à la béatification de
« Françoise d'Amboise. Quelques jours après, le Prieur général des
« Carmes de l'ancienne observance joignait les sollicitations de son
« ordre à celles des évêques français.

« Grâce aux soins de Monseigneur l'évêque de Vannes, les docu-
« ments relatifs au culte immémorial de la sainte Duchesse dans le
« monastère de Nazareth furent recueillis avec sollicitude et envoyés
« à Rome pour être joints aux documents qu'avaient fournis le
« diocèse de Nantes et l'ordre des Carmes.

« La cause de la servante de Dieu fut traitée dans les formes
« ordinaires à la Sainte Congrégation des Rites; et le 11 juillet de
« la même année, sur le rapport présenté par Son Eminence le
« cardinal Patrizi, préfet de la Sacrée Congrégation, la question
« posée suivant l'usage : *An constet de cultu publico ecclesiastico*
« *ab immemorabili tempore præstito ancillæ Dei, Franciscæ*
« *Ambasiæ Ducissæ Britanniæ, ac moniali Carmelitanæ, seu de*
« *casu excepto a decretis S. M. Urbani P. P. VIII*, fut résolue
« affirmativement. Le 14 juillet suivant, fête de Notre-Dame-du-
« Mont-Carmel, le Souverain Pontife Pie IX approuva la sentence
« rendue par la Sacrée Congrégation des Rites. Il semble que, par
« une Providence toute spéciale, Dieu ait voulu que le culte de la
« sainte Duchesse de Bretagne, devenue humble carmélite, fût
« confirmé par l'autorité du Saint-Siége, le jour où l'Eglise tout
« entière honore la Bienheureuse Vierge Marie sous le titre de
« Reine du Carmel. »

« Il restait un dernier acte à accomplir pour couronner la cause
« de la béatification : c'était d'obtenir l'approbation de la Messe et
« de l'Office de la sainte Duchesse de Bretagne. De nouvelles

« instances furent présentées au Souverain-Pontife ; la cause fut
« traitée dans la séance d'ordinaire de la Sacrée Congrégation des
« Rites, le 27 septembre 1864. Cette fois encore l'avis de la Sacrée
« Congrégation fut favorable, et un décret rendu le jour même
« accorda au clergé du diocèse de Nantes et à l'ordre des Carmes
« l'autorisation de réciter la Messe et l'Office de la Bienheureuse
« Françoise d'Amboise, sous le rit double, avec une oraison et des
« leçons propres pour le second nocturne. La fête de la sainte
« Duchesse fut fixée au 5 novembre ; c'est le lendemain du jour où
« elle s'endormait dans le Seigneur, il y a quatre cent quatre-vingts
« ans. »

« Nous achevons d'écrire la vie de la Bienheureuse Françoise.
« Nous l'avons fait avec amour ; il est si bon de vivre avec les sou-
» venirs des Saints. Même après des siècles, leur mémoire a un
« parfum qui ne s'est pas affaibli. Plus nous avons étudié cette vie
« si belle et si pure, plus nous avons compris que la sainteté seule
« est quelque chose. La gloire humaine peut briller d'un vif éclat,
« mais cet éclat pâlit et s'efface tôt ou tard. La gloire des Saints
« brillera dans l'éternité. Plus aussi nous avons suivi l'histoire du
« culte rendu à notre sainte Duchesse, plus nous avons été convaincu
« que Dieu avait eu ses desseins pleins de sagesse et de miséricorde
« en réservant à notre siècle la glorification de sa servante. Quand
« nous déposions entre les mains du saint et vénéré pontife Pie IX
« les pièces relatives à la béatification de Françoise d'Amboise, il
« nous disait avec une bonté dont nous ne perdrons jamais le sou-
« venir : « *Ce sera la récompense donnée par Dieu aux Bretons*
« *pour leur dévouement à l'Eglise catholique.* »

« Ces paroles du Souverain-Pontife nous révèlent la conduite de
« la Providence de notre Sainte. Venue la dernière parmi les grands
« souverains de la Bretagne, avant l'union du duché à la France,
« elle a été constituée par Dieu la gardienne de notre foi séculaire.
« Puisse la couronne des saints, déposée sur son front par les mains
« du Vicaire de Jésus-Christ, être à la fois la récompense de la fidé-
« lité bretonne à l'Eglise catholique et le gage d'un inviolable atta-
« chement à la chaire de Pierre dans les siècles futurs ! »

Toutes ces préoccupations mêmes motivèrent de la part de MONSIEUR
L'ABBÉ RICHARD plusieurs voyages à Rome où d'ailleurs il eut à
porter plus d'une fois au Saint-Père les vœux de son Evêque et ceux
de tout le diocèse de Nantes. Et, chaque fois, il reçut du Père commun
des fidèles le plus paternel accueil. A son retour en Bretagne il voyait
accourir tout le diocèse à la porte de l'Evêché, tellement chacun
tenait à recevoir de sa bouche des nouvelles de Rome. Et, affable

comme on le connaît, ce lui était une joie bien douce que de répondre
à chacun.

« Nous aimons à voir les maîtres de la science sacrée ranger
« l'affabilité parmi les vertus (1). Ils nous disent que c'est une douce
« et aimable disposition de l'âme qui établit entre les hommes des
« rapports convenables et bienveillants, soit dans les actes, soit dans
« les paroles, aussi éloignées de la mollesse d'où naît la flatterie que
« de la rudesse du caractère qui engendre la contradiction. Si cette
« vertu nous charme dans toutes les personnes chez qui nous la
« rencontrons, elle acquiert un nouveau prix quand elle est exercée
« par les grands et par les princes.

« La Bienheureuse fut bonne et affable pour tous, pour les pauvres
« surtout, selon le conseil de l'Esprit-Saint : « *Congregationi pau-*
« *perum affabilem te facito.* Soyez affable pour la multitude des
« pauvres. »

En fidèle disciple de la Bienheureuse Françoise, MONSIEUR L'ABBÉ
RICHARD ne pouvait oublier ce précepte. On lira donc avec intérêt
cette autre page sortie de sa plume et qui peut tout aussi bien s'appliquer à lui, au temps où il était vicaire général de Nantes.

« Ce qui fait l'héroïsme de la vertu dans les Saints, c'est la fidélité
« avec laquelle ils accomplissent les préceptes divins et les conseils
« évangéliques. Lorsque cette fidélité est accompagnée d'un entier mé-
« pris des choses de la terre, d'une complète abnégation de soi-même ;
« lorsque l'âme se porte aux actes vertueux avec une ardeur géné-
« reuse qui triomphe de tous les obstacles et qu'elle n'a en vue que
« de glorifier Dieu en Jésus-Christ, notre adorable Sauveur, ce n'est
« plus une vertu commune et ordinaire ; c'est vraiment la réali-
« sation de la parole de notre Divin Maître : *Soyez parfait comme*
« *votre Père céleste est parfait.* L'Eglise reconnaît alors dans ses
« enfants tous les caractères de la vertu héroïque. Ainsi cette doctrine
« est pleine de consolation et d'encouragement pour les âmes, la
« vertu héroïque ne diffère pas, quant à son essence, de la vertu
« ordinaire. C'est la vertu atteignant les degrés divers de la perfec-
« tion auxquels elle peut arriver en cette vie, sous l'influence de la
« grâce. Donc à chacun de nous de s'exercer sans cesse dans la pra-
« tique du bien pour s'élever vers le Ciel par ces degrés qui forment
« l'échelle mystérieuse de Jacob ; à chacun de nous aussi la possi-
« bilité de parvenir à la sainteté, qui n'est autre chose que le déve-
« loppement de la vie surnaturelle (2). »

----

(1) *Vie de la Bienheureuse Françoise d'Amboise,* 2 vol. p. 107.
(2) *Vie de la Bienheureuse Françoise d'Amboise,* 2 vol. p. 106-107.

En 1866, de belles fêtes furent célébrées à Nantes en l'honneur de la Bienheureuse Françoise d'Amboise. « Elles donnèrent lieu, dit le journal le *Rosier de Marie* du 30 juin 1866, de constater une fois de plus combien en France les grandes solennités de l'Eglise trouvent d'écho dans les cœurs : plus de 200,000 personnes, agenouillées sur les rives de la Loire, recevaient la bénédiction des Evêques, à l'endroit où, il y a soixante-dix ans, Carrier faisait exécuter ses noyades. »

En 1865 une grande douleur avait atteint tout à la fois l'Eglise, la France catholique et la Bretagne. *Lamoricière*, ce noble général de nos armées, devenu commandant en chef de l'armée pontificale, et dont les lauriers d'Afrique n'avaient point pâli après la défaite de Castelfidardo, était mort. « A Saint-Philibert, dit M. Keller dans sa belle vie du général, le général Trochu parla au nom de l'armée française, le comte de Quatrebarbes au nom de l'armée pontificale, L'ABBÉ RICHARD *fut l'interprète des sentiments du clergé.* »

Pour MONSIEUR L'ABBÉ RICHARD, il trouvait mille manières de s'exercer dans la pratique du bien ; et soit à Nantes, soit à Boussay, son lieu de repos, il n'avait garde de s'y soustraire. C'est du moins ce que nous apprend la bienveillante relation que nous nous empressons de reproduire en respectant l'anonyme que tient à conserver son auteur dans la crainte peu fondée cependant où ces pages viendraient à tomber sous les yeux de Monseigneur l'archevêque de Larisse.

« Travaillant continuellement le jour et une grande partie de la nuit, L'ABBÉ RICHARD avait besoin d'un repos qu'il ne s'accordait jamais. Il venait cependant, par ordre de son Evêque, passer chaque année une quinzaine de jour à Boussay, c'est-à-dire au château de La Vergne, vers la fin du mois de septembre. Il y paraissait toujours comme simple prêtre, acceptant toujours de chanter la grand'messe ou de prêcher le dimanche. « Mon cher curé, disait-il à M. l'abbé Mérel, je suis en vacances ; je suis à Boussay un de vos prêtres, enfant de la paroisse. » Il était en effet au milieu des prêtres et des séminaristes en vacance d'une simplicité et d'une amabilité exquises ; qualités qui ne diminuaient assurément rien du respect que tous avaient pour lui.

« Il venait à Boussay, disait-il, *pour dormir et pour prier.* Pour prier, oui. En célébrant le saint sacrifice de la Messe, pendant la récitation de son bréviaire qu'il disait ordinairement à l'Eglise, le soir à sa visite au Saint-Sacrement qu'il n'oubliait jamais, il faisait l'édification des assistants.

« Il venait à Boussay *pour dormir !* mais il fallait *dormir vite* ;

le temps lui manquait. Rentré à La Vergne, avant même d'y arriver il trouvait des pauvres qui avaient besoin de lui parler. Ils étaient nombreux. Il les recevait en particulier et prenait·note de leurs besoins. Il trouvait aussi ses fermiers qui venaient traiter directement avec lui ; il trouvait souvent des prêtres qui accouraient s'éclairer auprès de lui. Après son déjeûner, il faisait ses visites. Tous les infirmes lui étaient connus ; ils sont assez nombreux dans un bourg de 850 à 900 âmes. Il les visitait presque tous chaque jour. Il avait aussi sa visite quotidienne au cimetière pour prier sur la tombe de ses parents et des prêtres défunts.

« Un jour un prêtre avait fait six à sept lieues pour venir consulter L'ABBÉ RICHARD. Il ne le trouva point à *La Vergne*, point à la cure, point chez l'homme d'affaires. « Attendez un peu, Monsieur le Curé, dit la femme du gérant, je vais vous le trouver. » Elle le rencontra bientôt, en effet, auprès d'une vieille paralytique, si pauvre qu'elle n'avait pas de siége à lui offrir. Le charitable visiteur était à genoux, près du lit, assistant la pauvre infirme de sa parole et de son aumône. »

Cet attrait pour les œuvres de miséricorde que l'on retrouve à chaque instant dans Monsieur l'abbé Richard rappelle d'une façon sensible celui qu'éprouvait jadis la Bienheureuse Françoise d'Amboise. Les anciens biographes de la sainte Duchesse de Bretagne, et, après eux, MONSIEUR L'ABBÉ RICHARD, nous ont transmis un fait qui n'est pas sans analogie avec celui que nous venons de rapporter et que le dernier historien apprécie en ces termes : « Touchant exemple de charité qui voit Jésus-Christ et le sert dans la personne des pauvres, avec un dévouement que rien ne rebute et que rien ne fatigue (1). »

Reprenons la relation interrompue par cette petite digression.

« Cependant le facteur apportait chaque jour vers midi la correspondance de l'Evêché. M. Richard l'examinait après son dîner, y répondait dans la soirée ou dans la nuit de manière à prendre le courrier du lendemain. Joignez à cela plusieurs affaires qu'il se réservait d'examiner avec plus de loisir, disait-il, pendant ses vacances. Voilà comment il passait le temps à dormir !

« Les fermiers de *La Vergne* aimaient à recevoir les visites de MONSIEUR FRANÇOIS ; et il faut dire que MONSIEUR FRANÇOIS ne manquait jamais à ce devoir qu'il accomplissait avec une bonté parfaite. Ces visites portaient toujours de bons fruits. »

---

(1) *Vie de la Bienheureuse Françoise*, par M. l'abbé Richard.

On nous a raconté, entre autres choses, qu'un jour — c'était à l'époque de la guerre de Crimée — Monsieur François pria M le curé de Boussay de l'accompagner chez un de ses fermiers, malade à la mort. Dès que le pauvre moribond aperçut son maître, il fit un effort pour se dresser sur son lit, essaya d'ouvrir ses bras amaigris, et s'écria avec une émotion communicative : « Oh ! Monsieur François, que je suis content de vous voir ! Entrez ! Entrez ! » — Et le bon vieillard s'attendrissait de plus en plus. Il reprit : « Monsieur François, j'aurais grand besoin de mon Jean, pour conduire ma métairie ; il est soldat, il est à Lyon. Si vous pouviez le faire venir ! » — « Je penserai à Jean, consolez-vous, bon père, répondit Monsieur François, — et priez bien le bon Dieu. Voyez-vous, c'est lui le bon maître. Il arrangera tout si tout doit s'arranger. » Quelques semaines plus tard Jean Desfontaines arrivait à la métairie de l'Ecorchivrière ; il avait tout juste le temps de s'agenouiller au pied du lit de son père mourant, de s'entretenir quelques heures avec lui, et de recevoir son dernier soupir. » Ainsi, au milieu des sollicitudes sans égales d'une absorbante administration qui le suivaient partout, Monsieur le vicaire général trouvait le temps de continuer les œuvres de prédilection de Monsieur François.

Mais c'est le moment de parler de ce que Boussay doit à l'héritier de Monsieur et de Madame *Richard de la Vergne*. On a eu la bonne pensée de nous en instruire et cette révélation même sera tout un enseignement pratique pour bien des lecteurs. Que ceux à qui nous la devons reçoivent ici l'humble tribut de notre entière gratitude.

« En 1852, Monsieur l'abbé Richard, vicaire général, établit à Boussay, avec l'aide de M. Reignier, curé de la paroisse, une conférence de sa nt Vincent de Paul. Cette œuvre s'est très-bien soutenue pendant dix ans, grâce à la cotisation mensuelle de son protecteur. La conférence de saint Vincent de Paul a été dissoute, les aumônes n'ont pas cessé. Les pauvres, malades, reçoivent des secours appropriés à leur position. Nous savons que la dépense ordinaire pour les pauvres de Boussay est réglée à mille francs par an, sans compter les cas extraordinaires qui peuvent se présenter. — La propriété de l'*Echasserie* s'étend sur les communes de *La Bruffière* et de *Landes-Génusson* (Vendée) ; la première reçoit annuellement trois cents francs et la seconde cent francs dans les mêmes conditions. On doit présumer que, de leur côté, *Maulevrier* et *Châtillon-sur-Sèvre* ne sont pas oubliés dans le budget de Monseigneur, son principe étant qu'un propriétaire doit faire du bien partout où il a des propriétés.

« Il faut joindre à cela les subsides donnés aux caisses des séminaires de Nantes, d'Angers et de Luçon ; les élèves ecclésiastiques secourus personnellement ; les pauvres dont les loyers sont payés à Nantes ; les enfants placés dans les asiles, dans les écoles, mis en apprentissage, et personne n'en connaît le nombre (1). »

Après cette énumération, il y aurait quelque témérité à conclure que Monsieur Richard fût toujours à même de répondre aux exigences continues du malheur. Un jour, le respectable curé de Boussay, ayant besoin d'un secours pour une bonne œuvre, s'adressa aussitôt à la Providence habituelle du pays. Mais, hélas ! elle était à bout de ressources. Rien ne peut dire la peine que ressentit Monsieur l'abbé Richard ce jour-là. « Mon cher curé, répondit-il, pour cette « année c'est impossible. Je pourrai disposer mon budget l'année « prochaine, de manière à vous venir en aide. » Et cette bonne parole était à elle seule un premier secours.

Une société de secours mutuels pour les ouvriers a été fondée à Boussay en 1864 ; elle compte Monsieur l'abbé Richard parmi ses premiers membres honoraires ; et, depuis lors, sa cotisation qui n'est pas une des moins importantes, non-seulement est fidèlement acquittée mais toujours accompagnée de bonnes paroles qui entretiennent la vie et attirent les bénédictions de Dieu.

En 1860, les habitants des Landes-Génusson avaient reconstruit leur église, et M. le Vicaire général s'était inscrit en tête de la souscription pour une somme de cinq mille francs. On remarquera ce chiffre, relativement important quand on songe que les propriétés du généreux donateur ne sont qu'à moitié assises sur cette paroisse. Mais cela même n'était rien en comparaison de ce qu'il devait faire pour l'Eglise de Boussay, comme nous le verrons plus tard. En outre, il fournit des bois et autres matériaux de première nécessité.

Il existe sur la commune de La Bruffière, au hameau de Saint-Symphorien, une chapelle annexe desservie par un prêtre résidant. Elle était souvent visitée par Monsieur le Vicaire général qui projetait alors plusieurs travaux qu'il lui a été donné depuis de réaliser.

Au surplus, c'est beaucoup s'étendre sur des actes édifiants, sans

---

(1) Les circonstances n'ont absolument rien modifié quant à ces impositions tout à fait volontaires. « Indépendamment des charges de son diocèse, — nous disait récemment une personne bien informée, — Monseigneur resta fidèle à celles qu'il a prises dans son pays, et s'il ne retire pas cinq centimes de ses revenus c'est que tout nous reste ici. D'où vous pouvez conclure que des pauvres du vénérable Evêque, aucun n'est plus pauvre que lui. »

doute, mais dont le récit ralentit la marche des événements qui se précipitent pour conduire Monsieur l'abbé Richard aux destinées qui l'attendent.

Nous savons déjà que la santé chancelante de Monseigneur Jaquemet laissa durant dix-neuf ans aux mains de Monsieur l'abbé Richard la haute direction dans l'administration extérieure du diocèse ; et, à tout prendre, ce ne fut pas un mal, car, à l'école d'un pontife dont on vantait de toute part l'habileté, le jeune Vicaire général ne tarda pas à développer toutes les ressources de la plus vigoureuse nature sacerdotale. Toujours vaillant en dépit des obstacles, toujours victorieux quels que fussent ses adversaires, il ne pouvait manquer que Monsieur l'abbé Richard n'obtînt l'assentiment unanime des fidèles et du clergé. Quant à lui, deux choses seulement le préoccupaient surtout : la gloire de Dieu et la consolation de son évêque. Il ne cessait de le prouver partout où le conduisaient les sollicitudes de son ministère. Une de ses visites de prédilection à Nantes était pour le couvent des Dames du Sacré-Cœur ; et chaque fois qu'il s'y rendait au nom du pontife retenu au palais épiscopal par d'impérieuses souffrances, il était accueilli de ces Dames et de leurs élèves comme un père bien-aimé. Mais n'étant que le délégué du prélat, il ne s'attribuait même pas celle de ses prérogatives qui lui était permise. Soucieux pourtant de laisser un bon souvenir de ses visites aux joyeuses enfants que la pensée d'un jour de congé transportait de plaisir, il leur donnait la parole neuf jours de suite au réfectoire, et cette gracieuseté même, passée en habitude, a gardé dans la maison le nom de *neuvaine de Monsieur Richard*. Ce détail nous est conté par une enfant du Sacré-Cœur, fidèle aux souvenirs de Bretagne.

On comprend assez l'attachement qui résulta des rapports de l'évêque avec son vicaire général. Ils vivaient sous le même toit, l'un près de l'autre, et sur le pied d'une intimité fraternelle en quelque sorte, s'édifiant et se consolant mutuellement (1). Un tel spectacle était bien fait pour attirer les bénédictions de Dieu, et appeler l'admiration des hommes sur la féconde administration qui

---

(1) « Le pieux évêque qui, pendant vingt ans, m'associa à son ministère « pastoral dans le diocèse de Nantes, Mgr Jaquemet de sainte mémoire, « accompagnait Mgr Affre quand il alla remplir l'office du Bon-Pasteur en « donnant sa vie pour ses ouailles. Il avait reçu en héritage du pontife « martyr la croix teinte de son sang, et souvent nous avons baisé cette croix « avec respect et avec amour. »

(Mandement de Mgr Richard.)

popularisait dans le diocèse les noms de Mgr Jaquemet et de Monsieur l'abbé Richard.

Aussi n'éprouva-t-on pas la moindre surprise en haut lieu lorsqu'à la mort de Mgr Jaquemet, survenue le 9 décembre 1869, il se murmura de tous côtés qu'un des plus dignes candidats à la succession épiscopale était à coup sûr le vicaire général dont la retraite prématurée (1) ne pouvait faire oublier le mérite. Toutefois, le charme de ses vertus évangéliques parlait encore plus haut que le bruit de ses succès et de sa renommée comme administrateur. C'était l'heure solennelle où Pie IX, entouré des évêques, accourus à sa voix des quatre vents du ciel, venait d'ouvrir le Concile œcuménique du Vatican.

D'une part, le monde était aux écoutes ; de l'autre, le feu couvait sous la cendre prêt à éclater ! Partout on attendait un grand événement, mais tous les regards étaient hors de France. Monsieur l'abbé Richard se remuait sans qu'il y parut. Par de secrètes démarches qu'il risqua auprès de ses plus chauds patrons, ce fut un autre prêtre breton, comme lui enfant de la ville de Nantes, comme lui en relief par son expérience autant que par ses vertus, que le gouvernement impérial se décida de proposer au Saint-Siége. Il était assuré d'avance d'un plein succès. Mgr Félix Fournier, successivement enfant de chœur, vicaire et curé de la très-importante paroisse de Saint-Nicolas, vint donc prendre le gouvernail où avait brillé, depuis des siècles, une foule d'illustres pontifes, tandis que le trop modeste et toujours humble Abbé Richard, persistant dans les raisons de santé qui n'étaient que trop plausibles malheureusement, goûtait la joie de n'être pas arraché aux loisirs réparateurs qu'il plaisait à Dieu de lui accorder quelque temps.

On ne cessait pas cependant de recourir souvent aux lumières de l'ancien vicaire général et de mettre à contribution son cœur. On était si parfaitement sûr d'être toujours bien accueilli, mais on ne pouvait plus songer à faire de lui un évêque puisque Mgr Fournier était là. Cela devenait difficile. Tel était en général le sentiment unanime des Bretons et en particulier celui de Nantes. Ils se berçaient de l'espoir à peu près certain de posséder toujours au milieu d'eux celui qui était l'âme du diocèse depuis plus de vingt ans.

N'importe, « quand les moments marqués par la volonté divine

---

(1) *M. Richard* se retira le 9 novembre 1869.

sont arrivés, le choses deviennent faciles. » Après avoir écrit cette parole, l'historien de la Bienheureuse Françoise d'Amboise allait la réaliser.

C'est ainsi qu'à la nouvelle de l'élection de Mgr de Langalerie au siége archiépiscopal d'Auch (30 septembre 1871) le nom de Monsieur l'abbé Richard se trouvant placé en tête des propositions pour l'Episcopat, le Gouvernement se laissa persuader qu'il ne pouvait choisir un plus digne prêtre pour administrer l'Eglise de Belley. Disons tout de suite que le nouvel archevêque de Paris, Mgr Guibert, en acceptant, par obéissance au Saint-Siége apostolique, l'échange de l'Eglise de Saint-Martin, de Tours, contre celle de Saint-Denys, avait en quelque sorte exigé que l'on donnerait la mitre à l'ancien vicaire général de Nantes. Donc un décret présidentiel du 16 octobre 1871 appela Monsieur l'abbé Richard, ancien vicaire général de Nantes, à l'Evêché de Belley. Ce sera un des actes mémorables de la présidence de M. Thiers que cette nomination, au sujet de laquelle il est permis d'appliquer à Monseigneur Richard la parole de saint Cyprien sur le Pape saint Corneille, dans une circonstance analogue : « Il en était d'autant plus digne qu'il témoigna par une pudeur virginale et par une humilité sincère, qu'en cette élection, on lui faisait violence, et qu'il ne se croyait pas capable de porter le grand fardeau qu'on lui mettait sur les épaules. »

Cette attitude avait été celle de saint François de Sales, patron du nouvel Evêque.

Oui, certes, l'on croira sans peine que Monsieur l'abbé Richard opposa les plus vives résistances au complot qu'il n'avait pu prévenir cette fois, et que, pour ce motif, il lui était impossible de vaincre.

Mais sait-on comment il préluda aux redoutables fonctions qui lui étaient imposées ? Un témoin va nous l'apprendre : « Il fit à Tours un pèlerinage au tombeau de saint Martin. Là il rencontra un frère de la Sainte-Famille, dont la Maison-Mère est à Belley Il l'embrassa cordialement et lui dit : « Voilà le premier diocésain que j'ai le bonheur de rencontrer : c'est de bien bon cœur que je vous donne l'accolade, en attendant ma première bénédiction. »

En apprenant quel était le pontife que la miséricorde de Dieu et du Saint-Siége apostolique appelait à lui succéder à la tête de l'Eglise de Belley, Mgr de Langalerie, épanchant une dernière fois son cœur paternel dans un mandement plein de larmes, disait à ceux qu'il pouvait appeler encore ses diocésains :

« Nous avons la consolation de vous laisser à des mains aussi habiles que dévouées et pieuses, à un cœur de vrai père et de vrai pasteur. Nous ne connaissons pas Mgr Richard, mais tout ce que nous avons recueilli de bonnes et encourageantes paroles à son sujet depuis que son nom nous est devenu si cher en s'unissant à celui de notre diocèse, nous montre le doigt d'une miséricordieuse Providence qui a bien voulu adoucir la peine d'une triste et douloureuse séparation. Mgr Richard sera bien meilleur que nous, et pourtant il ne pourra pas vous aimer davantage. Il nous a écrit une touchante lettre ; grâce à sa bonté, nous pourrons vous aimer et vous bénir comme nos premiers et bien-aimés enfants ; les nœuds brisés avec vous par un changement de titre et de résidence, nous les renouerons dans son cœur. Comme avec Mgr Chalandon, de si cher et si doux souvenir, nous dirons l'un et l'autre : « Notre diocèse, » en parlant de vous ; nous serons deux, nous serons trois Evêques à vous regarder comme des enfants, à vous aimer comme tels et à vous bénir.

« Oui Mgr Richard continuera le bien et les grandes œuvres commencées par Mgr Devie, accrues par Mgr Chalandon et qui auront peut-être, hélas! souffert entre nos mains. Nous les lui recommanderons avec d'autant plus d'empressement qu'il aura à réparer quelques-unes de nos négligences, et peut-être de nos fautes. Nous lui dirons le bon esprit du clergé, les sentiments religieux de la masse de la population, le zèle de nos bons missionnaires, le dévouement des supérieurs, directeurs, professeurs et aumôniers, soit dans les séminaires, soit dans les autres établissements d'éducation (1). »

De leur côté, MM. Buyat et Bertrand, élus par le Chapitre vicaires généraux capitulaires, disaient dans leur circulaire du 10 novembre 1871 au clergé du diocèse : « Dieu continue à bénir l'Eglise de Belley qui reçoit dans ce moment une nouvelle preuve de sa bonté et de sa miséricorde. Il l'a constamment protégée, dans le passé, en lui donnant des Evêques qui ont toujours laissé un souvenir impérissable de piété, de fermeté dans la foi apostolique ; il la protége aujourd'hui en appelant à recueillir leur héritage, un prêtre capable de la conserver dans son intégrité et de la rendre plus florissante. Mgr Richard a été vicaire général de Mgr Jaquemet, pontife aussi distingué par les qualités du cœur que par les qualités de l'esprit. Pendant 19 ans, il a exercé, sous l'autorité de ce saint et habile prélat, ces fonctions délicates et difficiles, et acquis, dans l'administration ecclésiastique,

---

(1) Mandement d'adieux de S. G. Mgr DE LANGALERIE, donné à Saint-Barthélemy (Landes) *le 30 octobre 1871.*

une expérience consommée. Par sa piété, sa science, son ardent amour du bien, il s'est concilié l'affection et l'estime du diocèse de Nantes, et la considération des Évêques qui le connaissaient. Tout nous annonce en lui un pontife qui reproduira dans nos contrées le mémorable épiscopat de Mgr Devie. »

NOTA. — *Ceux de nos lecteurs qui connaîtraient quelques détails édifiants sur Mgr Richard, pendant son séjour au milieu de nous, voudront bien les adresser, à Bourg, au bureau du* MESSAGER DU DIMANCHE, *qui aura la bonté de nous les transmettre. Ce seront des ressources précieuses qui nous aideront à faire la deuxième partie de notre travail.*